BEI GRIN MACHT SICH IHR WISSEN BEZAHLT

- Wir veröffentlichen Ihre Hausarbeit,
  Bachelor- und Masterarbeit

- Ihr eigenes eBook und Buch -
  weltweit in allen wichtigen Shops

- Verdienen Sie an jedem Verkauf

Jetzt bei www.GRIN.com hochladen und kostenlos publizieren

Gebhard Deissler

Intrakulturelle Probleme in Deutschland

GRIN Verlag

Bibliografische Information der Deutschen Nationalbibliothek:

Die Deutsche Bibliothek verzeichnet diese Publikation in der Deutschen National-
bibliografie; detaillierte bibliografische Daten sind im Internet über http://dnb.d-
nb.de/ abrufbar.

Impressum:

Copyright © 2012 GRIN Verlag, Open Publishing GmbH
Druck und Bindung: Books on Demand GmbH, Norderstedt Germany
ISBN: 978-3-656-56706-6

Dieses Buch bei GRIN:

http://www.grin.com/de/e-book/191818/intrakulturelle-probleme-in-deutschland

GRIN - Your knowledge has value

Der GRIN Verlag publiziert seit 1998 wissenschaftliche Arbeiten von Studenten, Hochschullehrern und anderen Akademikern als eBook und gedrucktes Buch. Die Verlagswebsite www.grin.com ist die ideale Plattform zur Veröffentlichung von Hausarbeiten, Abschlussarbeiten, wissenschaftlichen Aufsätzen, Dissertationen und Fachbüchern.

Besuchen Sie uns im Internet:

http://www.grin.com/

http://www.facebook.com/grincom

http://www.twitter.com/grin_com

Gebhard Deißler D.E.A./UNIV. PARIS I

Intrakulturelle

Probleme in

Deutschland

CULTURE   RESEARCH

KULTUR FORSCHUNG

RECHERCHE CULTURE

BUSQUEDA CULTURAL

RICERCA   CULTURALE

跨文化的智慧精髓

итранскультурная

Interkulturelles- u. Transkulturelles Management (German)

Intercultural &Transcultural Management (English)

Gestion Interculturelle et Gestion Transculturelle (French)

Gerencia Intercultural y Gerencia Transcultural (Spanish)

Gerência Intercultural e Gerência Transcultural (Portuguese)

跨文化的智慧精髓 - kua wen hua de zhi hui jing sui (Chinese)

транскультурная компетенция - transkulturnaja
kompetencija (Russian)

toransukaruchā　・manējimento (Japanese)

トランスカルチャー　・　マネジメント

Vishua Chaytana (Sanskrit)

ZAKAA AL-TA'ALOF AL-THAQAFEE (Arabic)

Intrakulturelle Probleme in Deutschland

Deutschland ist ein Land, das aus vielen germanischen Stämmen hervorgegangen ist, die aber auf eine gemeinsame germanische Wurzeln zurückzuführen sind. Die Armee war immer wieder der Schmelztiegel für die intrakulturelle deutsche Diversitätsintegration. Dieser Schmelztiegel ist in der Gegenwart, mit dem Ende der Bipolarisierung der Welt und mit der scheinbaren Perspektive einer friedlicheren Zeit inbezug auf große Kriege, in Zuge einer generalisierten weltweiten Abrüstung und des Übergangs zu Berufsarmeen weggefallen. Der kulturelle Integrator des deutschen Volkes und das zusätzliche Exportieren potentieller intrakultureller Konflikte nach außen haben immer wieder in der Geschichte über intrakulturelle Divergenzen und Spannungen hinweggeholfen. Nun stellt sich die Frage, welches institutionelle Umfeld diese Integrationsfunktion eines kulturell unvereinten Volkes übernehmen könnte, da Auslandseinsätze im Rahmen der Friedens- und Aufbaumissionen der NATO nicht die erforderliche Integrationsfunktion haben können, wie es einst der Fall war. Und warum ist nach wie vor eine deutsche kulturelle Integration kultureller Art erforderlich?

Vergleicht man andere Länder, wie beispielsweise alle unsere Nachbarländer ausnahmslos mit Deutschland, so stellt man fest, dass jene, trotz all ihrer enormen kulturellen Divergenzen kultureller und ökonomischen Art, dennoch einen gemeinsamen Modus Vivendi des gesellschaftlichen Miteinander ohne größere Reibung im Alltag gefunden haben, obschon es noch einige Spuren von Unabhängigkeitsbestrebungen peripherer Gebiete inbezug auf die jeweiligen Zentralismen gibt, wie im Falle des Baskenlandes, was Spanien anbelangt, Schottland, was Großbritannien anbelangt und Korsika, was Frankreich anbelangt. Hier sind vielfach sprachliche oder ökonomische Divergenzen im Spiel, wie das Baskisch, das Schottische oder das Korsische, bzw. die Tatsache, dass die proportionale Teilhabe am nationalen Reichtum nicht als dem regionalen Reichtum entsprechend erachtet wird und somit ein Gefühl des Entzuges legitimer regionaler Ressourcen entsteht, vergleichbar mit Bundesländern in Deutschland, die bei den Ländertransfers immer auf der gebenden Seite sind.

Doch die Bundesländer sind eher politische, als kulturelle Konstruktionen, obwohl sie bis zu einem gewissen Grad mit kulturellen Entitäten identisch sind, während die Regionen der vorerwähnten europäischen Nachbarn über große Zeiträume gewachsene, linguistisch-kulturelle Regionen mit einem hohen Grad kultureller Autonomie sind. Dennoch haben diese autonomen Gebiete ein ziemlich harmonisches Miteinander kultureller Art – wenn man von der ETA im Baskenland und der IRA in Nordirland absieht, während bretonisches und korsisches Aufbegehren gegen das politische Zentrum in Paris eher passé sind - entwickelt. Ein Katalane, beispielsweise, der eine dem Französischen ähnlichere Sprache als dem Spanischen spricht, wird heutzutage in der Regel keine Kommunikationsprobleme aus kulturellen Gründen mit jemand von der Meseta, der Region von Altkastilien, mit Madrid als politisch-kulturellem Zentrum, haben. Andalusier, Galizier und Valenzianer, die alle eine eigene Sprache und somit eigenen Kulturen entwickelt haben, werden sich aber dennoch in der Regel kulturell in das gemeinsame iberische Gefüge einfügen und einander keine expliziten oder impliziten Probleme aufgrund ihrer regionalkulturellen Provenienz im Rahman des nationalen Gemeinwesens machen. Aufgrund ihrer gemeinsamen Latinität haben sie ein kulturelles Miteinander ohne Reibung entwickelt, bei dem die Regionalkultur kein Stein des Anstoßes, sondern eher Ansporn für Einfühlungsvermögens und kulturelle Synergie ist.

-   Supranationale europäische Regionalpolitik hat mit Hilfe der Transfers im Rahmens des Regionalfonds, vergleichbar mit dem bundesdeutschen Länderausgleich, nunmehr seit den Romverträgen im Jahr 1957, ja selbst seit der Gründung der Montanunion im Jahre 1951, regionale Integrationspolitik in Europa geleistet. Doch keine Integration vektorieller oder politischen Art kann gelingen, wenn sie nicht auch eine geistig-kulturelle ist, die die Integration nachhaltig tragfähig macht. Heute erkennt man im Zuge der Globalisierung, dass gemeinsame kulturelle Werte ein zentrales integratives Moment jeder Integration sind. Eine Untersuchung des Status einer Integration würde also eine Erforschung des Grades erfordern, in die potentiellen Integrationspartner gemeinsame Werte besitzen. -

In Deutschland dagegen scheint diese natürliche Empathie und somit ein intrakulturelles Diversitäts- und Synergiebewusstseins weniger entwickelt zu sein. Stattdessen suchen sich einige intrakulturelle Akteure, trotz einer gemeinsamen Germanität (analoge Wortschöpfung zu Latinität), lokal und regional ethnozentrisch zu behaupten und gegen vermeintlich anderskulturelle Deutsche bisweilen rücksichtlos durchzusetzen. Und da die Armee und die Kriege nicht mehr ein Minimum an gemeinsamer kultureller Integrationsschule der Nation leisten können und bei gleichzeitig fortwährender ethnozentrischer linguistisch-kultureller Erziehung wird das kulturelle Gleichgewicht destabilisiert und zieht Stress nach sich. Inwieweit die Länderhoheit im Bereich der Bildungspolitik damit zu tun hat, wäre einer Betrachtung würdig, da die Nachbarländer, insbesondere Frankreich, ja eben eine zentralisierte Bildungspolitik haben. Und historisch hat man ja nicht von ungefähr diesseits des Rheins stets französische kulturelle Werte für erstrebenswert gehalten. Hierin könnte durchaus eine Ursache für die mangelnde kulturelle Integration deutscher Lande bestehen. Während zentralisierte Bildungs- und Kulturpolitik integrationsförderlich ist, ist regional ausgewogene Wirtschaftspolitik eher förderlich, so dass keine regionalen Gefälle des Reichtums und der Armut entstehen. Beide Länder haben deshalb auch schon seit langem eifersüchtig auf die Erfolgsrezepte des Partners geschaut und versucht sie zu emulieren. Doch der autoritäre Zentralismus Frankreichs und deutscher Nachholbedarf in der nationalen Sache gehen auf kulturelle Werte und eine Geschichte zurück, deren Impact nur sehr langfristig veränderbar scheint.

Dieser Mangel an kultureller nationaler Harmonisierung wird durch den Immigrationsfaktor zusätzlich akzentuiert. Und doch, das gemeinsame germanische Erbe könnte und sollte die der Latinität vergleichbare Funktion in Spanien, Frankreich oder Italien haben, oder der Anglo Kultur, was Großbritannien anbelangt. Es ist also sehr enigmatisch, warum die Germanität nicht dieselbe Integrationsfunkton hat, wie beispielsweise das slawische Band, das alle slawischen Nationen sprachlich–kulturell miteinander verbindet oder das Romanische, das über die romanischen Nationen hinaus bei allen großen Divergenzen, wie im Falle Italiens, Spaniens und Frankreichs, sowohl intra- als auch interkulturell die Menschen der romanischen Welt miteinander verbindet. Und dasselbe trifft auf Großbritannien mit den irischen, schottischen, walisischen und englischen Komponenten zu. Warum also ist die Germanität, auch unabhängig von großen Kriegsherausforderungen, intrakulturell kein natürlicher Integrationsfaktor, der kulturell harmonisierend und solidarisierend wirkt? Und ist nicht eine möglichst harmonische Integration der nationalen und kulturellen Subsysteme der nun globalisierten Welt die Vorbedingung für die friedliche Koexistenz im Rahmen des planetaren Gesamtsystems. Besteht also nicht auch im Hinblick auf die planetare friedliche Koexistenz und Integration eine nationalkulturelle Rechenschaftspflichtigkeit in dem Sinne, dass man seine Hausaufgaben intrakulturell erledigt, bevor man andere mit Worten und Waffengewalt inbezug auf ihre souveränen kulturellen Rechte belehren möchte.

Alle Länder haben Nord-Südgefälle in sprachlicher, kultureller und ökonomischer Hinsicht, ebenso häufig Ost-West Gefälle, die aber keine kulturellen Verwerfungen sind, welche als gegenseitige kulturelle Defizite konstruiert werden und die natürliche nationalkulturelle Solidarität und somit die kulturell empathische Kommunikation bei aller intrakultureller Diversität unterminieren.

Sozialanthropologogisch betrachtet haben die Deutschen ein hohes Sicherheitsbedürfnis, das Ambiguität und Abweichung von einem prognostizierbaren Schema nur schwer toleriert. Und somit wird das sprachlich-kulturell Abweichende leicht als ein Defizit konstruiert, während es bei Menschen, die höhere Toleranzen in dieser Hinsicht haben, leichter synergetisch und kreativ interpretiert werden kann. Doch diese auf der empirischen Kulturforschung Hofstedes basierende Erkenntnis muss relativiert werden, da die vorerwähnten europäischen Nachbarn dazu tendieren, in noch höherem Maß ambiguitätsvermeidend zu sein. Die Funktion der allgemeinkulturellen Integration, die dort trotz aller bedeutsamen historisch kulturellen Diversität, hoch entwickelt ist, leistet also eine nationalkulturelle Solidarisierung angesichts großer kultureller Diversität.

Obschon Deutschland, ebenso wie die Nachbarn, die sogar, mit Ausnahme Großbritanniens, eine noch größere kulturelle Unsicherheitsvermeidungstendenz haben, wenn man der interkulturellen Forschung Hofstedes vertraut, sind die Nationalkulturen einiger Nachbarn kulturell integrativer als es in Deutschland der Fall ist. Leider gibt es meines Wissens keine systematische intrakulturelle Forschung in Deutschland und die implizit Stress verursachenden intrakulturellen innerdeutschen Fragen werden, ebenso wie die Nationalfrage immer noch - auch unter der besonderen Bürde der ungelösten Immigrationsfragen - nach wie vor unter den Teppich gekehrt. Transparenz, Sachlichkeit, echte Demokratie und Pluralismus kann man nicht von oben verordnen, nicht einmal die Alliierten oder das nationale Bildungswesen oder die Medien vermögen es. Werte entstehen, existieren und wandeln sich in ihren eigenen Zeithorizonten.

Die nationale Frage, die Immigrationsfrage und die Frage intrakultureller Harmonisierung und Solidarität scheinen miteinander verknüpft zu sein. Wenn die Nation schwach entwickelt ist, wie im Falle Deutschlands, das erst viel später als seine europäischen Nachbarn eine Nation bilden konnte, konnte sich auch nicht im selben Maße ein intraktulturell diversitätsintegratives Nationalgefühl entwickeln. Dieses Nichtvorhandensein eines natürlichen, über größere historische Zeithorizonte organisch gewachsenen intrakulturellen Schmelztiegels nationalkultureller Diversität scheint sowohl die intrakulturelle Diversitätsintegration, als auch die fremdkulturelle Integration in Zusammenhang mit der Migration zu belasten. Und dieser Sachverhalt scheint sich bei den derzeitigen demographischen Prognosen eines weiteren Bevölkerungsrückgangs aufgrund der Geburtenrate unter dem Niveau der demographischen Kontinuität der nationalen Bevölkerung und der politisch beabsichtigten fremdkulturellen Kompensierung dieses Trends eher zu akzentuieren. Eine Neuauflage wirtschaftlich bedingter Immigration könnte sich also wiederholen und, ceteris paribus, eine Immigrations-Problemspirale erzeugen. Könnte der Rückgang der Geburtenrate nicht auch durch die ungebremste Immigration mitbedingt sein oder durch deren Nichtsteuerung? Würde man dann nicht durch ein noch freizügigeres Laissez-Passer im Bereich der Immigration eben genau das Problem erzeugen, das man zu beheben sucht?

Offenbar haben die Menschen nicht genügend Zeit gehabt, im Wege der nationalkulturellen institutionellen und anderen Prozessen einen nationalkulturellen Gemeinsinn und die damit einhergehende Empathie und Solidarität zu entwickeln, denn alles Menschliche erfordert ja Zeit. Und wenn der mentale Speicher der nationalkulturellen Gruppenmitglieder nicht im Wege der Erziehung und der Bildung, sowie der Medien und gesellschaftsbildenden und -prägenden Prozesse kulturintegrativ gestaltet und konditioniert werden kann, werden die kulturellen Divergenzen das integrative gemeinsame Erbe der Kulturnation beherrschen. Strukturelle Differenzen sind gewiss vorhanden, ebenso zwischen Individuen, wie zwischen intra- und interkulturell diversen Gruppen. Sprachlich-kulturelle und strukturelle Diversität wirken verstärkend zusammen wenn die national-regionale Gleichung nicht stimmig ist.

Die Empfindung der geistig strukturellen Diversität ist aber natürlich und bei einer entsprechend entwickelten integrativen Nationalkultur kein Problem. Ein maurisch anmutender Andalusier und ein mitteleuropäisch erscheinender Katalane werden in der Regel keinen Casus Belli aus ihrer natürlichen sprachlich-kulturell-strukturellen Diversität konstruieren. Die physische Kultur trägt dazu bei, dass Menschen mit diversen Raum-Zeit-Koordinaten, die also an einem gegebenen Ort geboren und aufgewachsen sind, in der man anderes isst und das Klima, die Topographie (z. B. Flachland, Berge, Meer), die Wirtschafts- und Sozialgeschichte (z. B. urban versus Agrar- vs. Industrie Milieu, arm versus reich) und somit die Lebensorganisation sich kollektiv und individuell zum Zwecke der Optimierung der Überlebens und der Prosperierungsaussichten anpassen müssen, und dementsprechend variable Strukturen entwickeln.

Die physische Diversität der Menschen, die natürlich zusätzlich durch die stammesgeschichtliche Prägung geformt wird, entspricht also völlig natürlichen Prozessen der Natur. Und jeder der das Wesen der Natur erkennt und respektiert sollte auch die natürliche Diversität der menschlichen Natur nicht als Casus Belli konstruieren und sich zum Maßstab für andere machen, die einem anderen natürlichen Kontext entstammen, denn so könnte jeder im Zuge dieses allzu menschlichen, verständlichen Selbstreferenzkriteriums den anderen sehr schlecht aussehen lassen, weil ja alle Menschen verschieden sind und keiner ganz dem singulär eigenen Maßstab gerecht werden kann.

Es bedarf also eines Quantums an Intelligenz, um den Plan der Natur und des Lebens, der nun mal in der gesamten überschaubaren Schöpfung auf dem Diversitätsprinzip zur Optimierung der Gattungen aufzubauen scheint, zu erkennen und zu berücksichtigen, ja sogar als Design der Natur und des Lebens, zu denen es keine Alternative gibt, zu respektieren. Wenn es also zwischenmenschliche Diversitätsprobleme gibt, so scheint dies eher mit der Intelligenz und dem menschlichen Lernen oder der Konditionierung zu tun zu haben. Sowohl die psychologische als auch die physiologisch (physisch und ethnisch bedingte kulturelle Diversität) stehen in Einklang mit dem Prinzip des Lebens und der Schöpfung in all ihren Bereichen.

Auch in einem mittleren und eher kleinen Land wie Deutschland spielen diese Diversitätsprinzipien im mikroskopischeren Maßstab ebenso, wie bei größeren kulturellen und interkulturellen Geweben des Planeten, eine Rolle. Diese Diversitätsprinzipen spielen bis in kleinere und kleinste Menschengruppierungen hinein eine Rolle, wo schließlich jedes Individuum aufgrund seiner singulären Biographie und dynamisch, situativ variabler Gruppenzugehörigkeit eine unvergleichbare singuläre Kultur repräsentiert. Es ist also nur eine Frage der menschlichen Intelligenz im allgemeinen, sowie der kulturellen und interkulturellen, ob er die singulär diversen Kulturen der Individuen und Gruppen integrieren kann.

Die Erkenntnis des kulturellen Relativismus, die besagt, dass keine kulturelle Prägung a priori besser oder schlechter als eine andere ist, sondern dass sie alle logisch kontextrelativ entstanden sind, sowie auch die ethische Nichtrelativismus im Sinne der Akzeptanz verbindlicher universeller, wie beispielsweise westlicher Zivilisationsnormen, spielen dabei eine Rolle.

Kulturelle Integration und Harmonisierung werden also im Wege der Diversitätserkenntnis des kulturellen Relativismus bei gleichzeitiger ethischem Nichtrelativismus erlangt. Die Erkenntnis kann nicht verordnet, aber durch entsprechende Sozialisierung im Wege der Erziehung und Bildung erlangt werden.

Dadurch wird sich die inter- wie auch die intrakulturelle Solidarität und somit die Lösung der intra-, wie auch der interkulturellen Fragen, sowie der Migrationsfragen einstellen - viel mehr als durch die Vermittlung sogenannter interkultureller Techniken, deren mechanische Anwendung sowohl Erkenntnis als auch Ethik ausschließen und somit kontraproduktiv sein kann. Wenn es also, zum Beispiel, zwischen Badenern und Schwaben Verwerfungen oder ein kulturelles Ost-Westgefälle gibt, dann sind die Wurzeln in den beiden genannten Kategorein und der Sozialisierung zu suchen. Ethik, Erkenntnis und Sozialisierung implizieren aber Lernen und Lernen involviert das Erziehungs- und Bildungssystem. Und das scheint aufgrund der einseitigen deutschen Sachorientierung zulasten der menschlichen Beziehungsorientierung - trotz Pestalozzi und Leibnitz – unter dem Druck der Fachkräfte orientierten instrumentellen und weniger essentiellen Erziehung in der deutschen Bildung ebensowenig die auch von den Alliierten damals eingeforderten, wie die heute, im 21. Jahrhundert nach wie vor relevanten Maßgaben zu erfüllen. Dies wird durch die interkulturelle Forschung belegt. Diese Symptomatik wird von interkulturellen Forschern beispielsweise als „inhuman" im Bereich des sozialisierungsbedingten Managerverhaltens bezeichnet.

Und nun, nachdem wir die drei Kategorien des Managements kultureller Diversität, ebenso in intra- wie interkultureller Hinsicht identifiziert haben, können wir die Frage danach, wer in der Gegenwart und der voraussehbaren Zukunft die Rolle der Armee als integrative Schule der Nation übernehmen soll, beantworten. Es kann nur das kulturell und menschlich nicht astigmatische Bildungswesen sein, da kulturelle Ethik und Erkenntnis Lernprozesse sind, die, gespeichert im Gedächtnis Wahrnehmung und Verhalten bedingen. Werden sie kulturintegrativ über weitere temporale Horizonte verstärkt, so kommt das auf Heidegger zurückgehende Gedächtnis-Antizipationsmodell oder das Prinzip der Konditionierung, das von Sozialpsychologien und maßgeblichen Denkern erkannt wurde, in Spiel und somit ein natürlich integratives Integrationsmomentum und dies regional, national und global.

Das Gedächtnis-Antizipationsmodell besagt, dass unsere Wahrnehmung von unseren Vorstellungen geprägt wird, und dass unser Weltbild durch Projektion entsteht. Somit würde der Perzeptions-Projektionsmechanismus auf der Bedingtheit des Bewusstseins durch die Vergangenheit gründen, die im Gedächtnis gespeichert ist. Dieses basiert auf der Sozialisierung, der primären, sekundären und tertiären. Bei der Relevanz der Bildung im Wissenszeitalter, muss das Erziehungs- und Bildungssystem hier größere Verantwortung übernehmen. Nur so sind über Jahrhunderte entstandene intra- und interkulturelle Verwerfungen nachhaltig überbrückbar und werden synergetisch statt antagonistisch konstruiert. Doch auch hier, im Intrakulturellen, scheint sich bisweilen der Trend der zunehmenden kulturellen Divergenz, den man weltweit beobachtet, zu bewahrheiten, obschon er hier steuerbar wäre. Und dass er integrativ steuerbar ist, haben wir bei unseren europäischen Nachbarn gesehen.